Betty Laube

Genießen wie am Mittelmeer

Die leichte Küche aus dem Süden

Aldidente

Eichborn

1 2 3 4 07 06

Umschlaggestaltung: Christiane Hahn und Christina Hucke
Lektorat: Oliver Thomas Domzalski
Reihenlayout: Cosima Schneider
Illustrationen: Irma Schick
Gesamtherstellung: Fuldaer Verlagsanstalt, Fulda

ISBN 3-8218-6006-5

Verlagsverzeichnis schickt gern:
Eichborn Verlag, Kaiserstraße 66, 60329 Frankfurt am Main
www.eichborn.de

Inhaltsverzeichnis

Vorwort 5

Vorspeisen 7

Ziegenkäse im Speckmantel (Spanien) 8
Grüne Bohnen im Zitronensud (Spanien) 9
Schwarze Tapenade (Frankreich) 10
Roquefort-Kuchen (Frankreich) 11
Lauchsuppe mit Basilikum (Frankreich) 12
Kräuter-Fladen (Italien) 13
Nudeln mit Spinat-Anchovis-Sauce (Italien) 14
Apfelsuppe (Slowenien) 15
Linsenpüree (Griechenland) 16
Weiße Bohnen mit Zitrone (Spanien) 17
Krabben in Öl gebacken (Türkei) 18
Auberginenpüree (Syrien) 19
Avocado-Geflügel-Salat (Israel) 20
Olivensuppe (Algerien) 21
Karottensalat mit Joghurt (Marokko) 22
Eingelegte Salz-Zitronen (Nordafrika) 23
Harissa (Nordafrika) 24

Hauptgerichte 25

Kartoffeleintopf (Spanien) 26
Fischsuppe (Spanien) 27
Hühnchentopf mit Gemüse (Spanien) 28
Zwiebelkuchen (Frankreich) 29
Gebratenes Rotbarschfilet in Rosmarinsauce (Frankreich) 30
Zitronenhuhn (Frankreich) 31
Gegrillte Lammsteaks (Italien) 32
Überbackene Zucchini (Italien) 33
Thunfischsteaks in Kräutersauce (Italien) 34

Cavapcici mit Reis (Kroatien) 35
Eintopf mit Schinken, Bohnen und Sauerkraut (Albanien) 36
Lammtopf (Griechenland) 37
Fischauflauf (Griechenland) 38
Türkische Hackfleischpizza (Türkei) 39
Gemüseauflauf (Syrien) 40
Huhn mit Aprikosen und Oliven (Syrien) 41
Falafel (Ägypten) 42
Koriander-Fisch (Israel) 43
Couscous mit Huhn und Salzzitronen (Marokko) 44
Forelle mit Datteln (Marokko) 45

Desserts 46

Mandelziegel (Spanien) 47
Katalanische Creme (Spanien) 48
Pfannkuchen mit Cidre-Zabaione (Frankreich) 49
Zitronentarte (Frankreich) 50
Warmer Zitrussalat (Italien) 51
Gebackene Birnen (Italien) 52
Zabaione (Italien) 53
Gebackene Aprikosen (Kroatien) 54
Zwetschgen-Auflauf (Slowenien) 55
Früchte in Blätterteig (Griechenland) 56
Bananen mit Ingwer (Syrien) 57
Feigen und Birnen in Honig (Ägypten) 58
Orangensorbet (Israel) 59
Arabisches Konfekt (Algerien) 60
Krapfen (Tunesien) 61

Vorwort

Mittelmeer – das klingt nach Urlaub, Strand und Lebensart! Wer träumt nach den Ferien nicht von den superfrischen Salaten, den aromatischen Lammsteaks, den gegrillten Fischen und den außergewöhnlichen Süßspeisen? Wer spürt auf dem Markt nicht dem Duft der Kräuter nach, die uns aus dem Urlaub vertraut sind? Und wer sehnt sich beim Rotwein auf dem Balkon nicht nach der kleinen Trattoria am Bootshafen?

Ein weiterer Grund für die Beliebtheit der Mittelmeerküche ist der gesundheitliche Aspekt. Weil statt tierischer Fette eher Olivenöl verwendet wird und der Fisch ein gesunder Eiweißlieferant ist, sind ernährungsbedingte Krankheiten in den dortigen Ländern viel seltener als bei uns. Und: Die vitaminhaltige, gemüsefreudige mediterrane Ernährung kann sogar beim Abnehmen helfen.

Dieses Buch ermöglicht das Nachkochen vieler typischer Mittelmeergerichte – von Spanien und Italien über den Balkan bis in den Orient und nach Nordafrika. Wie es sich für ein Aldidente-Kochbuch gehört, steht die schnelle, gesunde und preiswerte Zubereitung der Speisen aus überwiegend einheimischen Zutaten im Vordergrund. (Deshalb ist die landestypische Bezeichnung der Speisen in diesem Kochbuch nur selten erwähnt.)

Die meisten benötigten Dinge werden Sie beim Discounter bekommen. Klar: Wenn Sie den Anspruch haben, nur mit Frischfleisch oder -fisch und anderen Originalzutaten zu kochen, müssen Sie in Feinkostläden gehen. Aber Sie können sicher sein, dass Lammsteaks oder Fischfilets aus der Tiefkühltheke genauso gut schmecken – und eben viel preiswerter sind. Trotzdem wird der Gang zum Einzelhandel in manchen Fällen unumgänglich sein, wenn Sie auf den Geschmack von türkischem Kreuzkümmel, griechischer Minze, Schafsmilch oder Ziegenkäse und italienischem Parma-Schinken nicht verzichten wollen. Soweit das möglich ist, biete ich Ihnen aber Discount-Ersatzzutaten an. Da in Deutschland z. B. der griechische Phyllo-

Teig in den üblichen Supermärkten nicht zu bekommen ist, habe ich ihn in meinen Rezepten durch Blätterteig ersetzt.

Die Mittelmeerküche ist untrennbar mit bestimmten **Kräutern und Gewürzen** verbunden. Jede Region hat ihre ganz charakteristischen Geschmacksrichtungen. Am besten entwickeln Kräuter und Gewürze ihren Geschmack, wenn sie frisch verwendet werden. Aber auch in Trockenform geben sie die richtige Würze. Außerdem kann man sich so einen Vorrat zulegen. Frische Kräuter werden getrennt in Küchenpapier gewickelt, in eine Plastiktüte gegeben und ins Gemüsefach des Kühlschranks gelegt. So kann man die Frische ein paar Tage halten.

Der Geschmack getrockneter Kräuter ist konzentrierter, da den Kräutern Wasser entzogen wurde. Ein Teelöffel Trockenkraut entspricht ungefähr einem Esslöffel frischem.

Damit Sie den Einkauf besser planen können, sind die Zutaten, die es nicht immer oder gar nicht beim Discounter gibt, im Rezept *kursiv* gedruckt.

Wenn nicht anders angegeben, sind die Rezepte für 4 Personen bemessen.

Und jetzt: Alle Küchenkapitäne Kurs aufs Mittelmeer! Und guten Appetit!

Betty Laube, im November 2005

Aldidente

Vorspeisen

Ziegenkäse im Speckmantel

SPANIEN

400 g Ziegenkäse
250 g Schinkenspeck in Scheiben
50 ml Balsamicoessig
150 ml Bratensaft
Olivenöl

Zubereitungszeit: 10 min.

Den Ziegenkäse in mundgerechte Stücke schneiden und jedes mit einer Scheibe Schinkenspeck umwickeln. Etwas Olivenöl in der Pfanne heiß werden lassen und den Speckkäse darin braten. Inzwischen in einem kleinen Topf den Balsamicoessig erwärmen, mit dem Bratensaft auffüllen und bei mittlerer Hitze die Sauce reduzieren. Dann die Sauce auf eine Bratenplatte geben und die gebratenen Speck-Käse-Würfel darauf verteilen. Noch warm servieren.

Tipp:
Wenn kein Ziegenkäse vorrätig ist, kann man auch Schafskäse verwenden.

Grüne Bohnen in Zitronensud

SPANIEN

500 g grüne Bohnen
2 kleine Zwiebeln
2 Knoblauchzehen
1 Bund Petersilie
1 Zitrone
Olivenöl
1 EL Butter
Salz, Pfeffer
etwas Zucker

Zubereitungszeit: 10 min.

Die Bohnen waschen und die Enden abschneiden. 10 Minuten in Salzwasser kochen. Währenddessen die Zwiebeln schälen und in dünne Ringe schneiden. Wenn die Bohnen gar, aber noch bissfest sind, das Wasser abgießen und die Bohnen in eine Schüssel geben. In einer Pfanne die Butter und einen EL Olivenöl erhitzen und die Zwiebeln darin anbraten. Die Zwiebeln herausheben und über die Bohnen geben. Den Saft der Zitrone mit 4 EL Olivenöl, der kleingehackten Petersilie, den ausgepressten Knoblauchzehen verrühren und die Bohnen damit übergießen. Mit Salz, Pfeffer und etwas Zucker würzen und alles gut vermischen.

Tipp:
Die Bohnen schmecken noch besser, wenn man dem Salzwasser 1 EL getrocknetes Bohnenkraut zufügt.

Schwarze Tapenade

FRANKREICH

100 g entsteinte, schwarze Oliven
6 Sardellenfilets aus Glas oder Dose
100 g Thunfisch in Öl aus der Dose
100 g Kapern
50 g *Pinienkerne* oder gehackte Mandeln
1 EL Olivenöl
1 EL mittelscharfer Senf
schwarzer Pfeffer
1 Weißbrot oder *Baguette*

Zubereitungszeit: 10 min.

Aus Oliven, Sardellen, Thunfisch, Kapern und Pinienkernen mit dem Mixer ein glattes Püree herstellen. Dazu je nach Bedarf das Thunfisch- oder Olivenöl und den Senf zugeben. Mit Pfeffer würzen, getoastete Weißbrotscheiben damit bestreichen und gleich servieren.

Tipp:
Zum Aufbewahren die Tapenade in ein Schraubglas geben und mit Olivenöl bedecken. So hält sie sich im Kühlschrank mehrere Wochen.

Roquefort-Kuchen

FRANKREICH

70 g Rosinen
200 g Mehl
1 Päckchen Hefe
3 Eier
1 Becher Crème fraîche
150 g *Roquefort*
10 *große Salbeiblätter oder 1/2 TL getrockneter Salbei*
Pfeffer

Den Backofen auf 180°C vorheizen.

Die Rosinen in lauwarmem Wasser quellen lassen.

Das Mehl mit der Hefe und den Eiern vermischen. Dann die Crème fraîche, den in kleine Stücke zerteilten Roquefort-Käse, die aufgequollenen und abgetropften Rosinen und die zerkleinerten Salbeiblätter untermischen. Mit Pfeffer würzen. Den Teig in eine gefettete Kastenform geben und mindestens eine Stunde zugedeckt an einem warmen Platz ruhen lassen. Nach dem Aufgehen des Teiges den Kuchen auf der mittleren Schiene ca. 35 Minuten backen. Vor dem Stürzen etwas abkühlen lassen.

Zubereitungszeit: 1 3/4 Std.

Tipp:
Noch warm schmeckt der Kuchen am besten.

Lauchsuppe mit Basilikum

FRANKREICH

4 Lauchstangen
2 Karotten
1 TL Olivenöl
100 g Speckwürfel
1 1/2 l Instant-Gemüsebrühe
Salz, Pfeffer
1 Bund Basilikum zum Garnieren
2 EL Saure Sahne

Zubereitungszeit: 1 Std.

Die Lauchstangen waschen, die dunkelgrünen Enden und den Wurzelansatz abschneiden und die Lauchstangen in schmale Scheiben schneiden. Die Karotten putzen und würfeln. In einem Topf das Öl erhitzen, darin die Speckwürfel und die Karotten 5 Minuten andünsten. Nun die Gemüsebrühe und den Lauch dazugeben, mit wenig Salz und viel Pfeffer würzen und 30–45 Minuten bei mittlerer Hitze kochen lassen. Wenn das Gemüse gar ist, durch ein Sieb gießen, die Brühe auffangen und wieder in den Topf geben. Den Lauch und die Karotten mit einem Mixer pürieren und wieder zur Suppe geben. In Tellern mit dem kleingehackten Basilikum bestreut und mit 1/2 EL saurer Sahne garniert heiß servieren.

Tipp:
Ein Hauch Muskat rundet den Lauchgeschmack ab.

Kräuter-Fladen

ITALIEN

500 g Mehl
1 Päckchen Hefe (25 g)
125 ml Milch
100 ml Olivenöl
1 Zweig Rosmarin
10 Salbei-Blätter
25 g Pinienkerne
Salz

Zubereitungszeit: 2 Std.

Den Backofen auf 200°C vorheizen.

Eine Tasse Mehl mit der Hefe und 3 EL warmer Milch verkneten. Eine Kugel formen und diese mit einem feuchten Tuch zugedeckt an einem warmen Ort eine Stunde ruhen lassen. Danach das übrige Mehl auf die Arbeitsfläche geben, eine Mulde in der Mitte eindrücken und Öl, einen TL Salz, die gehackten Kräuter, Pinienkerne und die Hefekugel hineingeben. So viel warme Milch zugeben und verkneten, dass ein geschmeidiger Teig entsteht. Eine Backform mit 30 cm Durchmesser einfetten und den Teig darin gleichmäßig verteilen. Die Oberfläche in Tortenstücke teilen und mehrfach mit einer Gabel einstechen. Nochmals salzen und den Fladen ca. 1 Stunde backen. Aus der Form nehmen und in Stücke geschnitten servieren.

Tipp:
Dem Kräutergeschmack sind keine Grenzen gesetzt. Majoran, Oregano, Kümmel oder auch Oliven können hierfür verwendet werden.

Nudeln mit Spinat-Anchovis-Sauce

ITALIEN

1 Pckg. Blattspinat (TK)
400 g Tagliatelle
225 g *Mascarpone* oder Crème fraîche
25 g *gemahlene Walnüsse*
1 Dose Anchovis
1 TL Muskat
Salz, Pfeffer
50 g geriebener Parmesan zum Garnieren
1 EL Olivenöl

Zubereitungszeit: 15 min.

Den Blattspinat über Nacht im Kühlschrank auftauen.

Die Nudeln nach Anleitung zubereiten. Den gut ausgepressten Spinat mit Mascarpone, den Nüssen, den Anchovis (mit Dosensaft) und dem geriebenen Muskat im Mixer pürieren. Dabei mit Salz und Pfeffer würzen. Die Spinatsauce auf kleiner Flamme kurz aufwärmen. Die fertigen Nudeln auf Tellern anrichten, die Sauce darübergeben und mit etwas Parmesan bestreut servieren.

Tipp:
Dem Kochwasser einen EL Olivenöl zugeben, damit die Nudeln nicht kleben.

Achtung!
Den Spinat rechtzeitig auftauen!

Apfelsuppe

SLOWENIEN

- 750 g säuerliche Äpfel
- 1/2 unbehandelte Zitrone
- 1 TL Nelken
- 1 TL Zimt
- 60 g Butter
- 1 1/2 EL Zucker
- 1 TL Mehl
- 250 ml trockener Weißwein
- 4 Scheiben Weißbrot

Zubereitungszeit: 25 min.

Äpfel waschen, in Achtel schneiden und das Kerngehäuse entfernen. Die Zitrone schälen, die Hälfte der Schalen kleinschneiden. Die Apfelstücke zusammen mit der Zitronenschale, den Nelken und dem Zimt in einen Topf geben, ein wenig Wasser angießen und die Äpfel zum Kochen bringen. Dann ca. 15 Minuten bei schwacher Hitze garen, durch ein Haarsieb passieren. In einer Pfanne 40 g Butter erhitzen, den Zucker dazugeben und goldgelb karamellisieren, das Mehl hineinrühren, wenig Wasser angießen, leicht salzen und die Masse glattrühren. Dann mit dem Apfelbrei mischen und so viel Wein angießen, dass eine cremige Suppe entsteht. Nochmals kurz aufkochen, die Suppe auf vorgewärmte Teller verteilen. Für die Einlage Weißbrot würfeln, in 20 g heißer Butter goldgelb rösten und auf die Suppe streuen.

Tipp:

In kleine Stücke geschnittenes Lachsfilet eignet sich hervorragend als Einlage für diese Suppe.

Linsenpüree

GRIECHENLAND

500 g Schnellkochlinsen
1 kleine Dose geschälte Tomaten
1 große Zwiebel
3 Knoblauchzehen
1/2 Bund Petersilie
2 *Lorbeerblätter*
200 ml Olivenöl
1/2 Zitrone
Salz, Pfeffer

Zubereitungszeit: 25 min.

Die Linsen nach Packungsvorschrift einmal aufkochen lassen. Die geschälten Tomaten aus der Dose nehmen, gut abtropfen lassen und kleinschneiden. Die Zwiebel und den Knoblauch schälen und kleinwürfeln. Die Petersilie waschen und hacken. Tomaten, Zwiebel, Knoblauch, Lorbeer, Petersilie, Öl und den Saft einer halben Zitrone zu den Linsen geben und garkochen. Mit Salz und Pfeffer würzen. Die Flüssigkeit abgießen, den Lorbeer herausnehmen und die Linsen mit einem Mixstab pürieren. Das Püree für ein paar Stunden kaltstellen.

Tipp:
Schmeckt kalt als Dip
oder Brotaufstrich.

Weiße Bohnen mit Zitrone

500 g getrocknete weiße Bohnen
2 Karotten
2 Stangensellerie
2 kleine Zwiebeln
3 EL Olivenöl
2 Knoblauchzehen
1 Zitrone
3 EL gehackte Petersilie
Salz, Pfeffer

GRIECHENLAND

Die Bohnen einmal aufkochen lassen, das Wasser abgießen und die Bohnen mit frischem Heißwasser erneut zum Kochen bringen. Die Zwiebeln schälen, die Karotten und den Sellerie waschen und die Selleriestangen quer in je 4 Stücke teilen. Ansonsten das Gemüse nicht zerkleinern! Die Karotten, die Selleriestücke und die ganzen Zwiebeln zusammen mit 1 TL Salz zu den Bohnen geben. Wenn die Bohnen gar sind, die Flüssigkeit abgießen, das Kochgemüse herausnehmen und weglassen. In einer Pfanne das Öl erhitzen und darin die Bohnen zusammen mit dem kleingehackten Knoblauch kurz andünsten. Die Bohnen in eine Schüssel geben, mit dem Saft einer Zitrone begießen und die gehackte Petersilie untermischen und gut umgerührt servieren.

Zubereitungszeit: 25 min.

Tipp:
Wem der Knoblauch zu heftig ist, der sollte mehr Petersilie zugeben. Das Kraut neutralisiert etwas dem Geruch und Geschmack des Knoblauchs.

Krabben in Öl gebacken

TÜRKEI

500 g Krabben (TK)
2 Eier
125 g Mehl
1/2 TL Backpulver
100 ml Bier
1 EL Olivenöl
Salz
Öl zum Braten
Holz-Zahnstocher

Zubereitungszeit: 30 min.

Die Krabben über Nacht im Kühlschrank auftauen lassen. Am nächsten Tag gründlich waschen und trockentupfen. Die Eier trennen. Eine Backteigmasse aus Mehl, Eigelb, Backpulver, Bier, 1 EL Olivenöl und einer Prise Salz mixen. Das Eiweiß schaumig steif schlagen und vorsichtig unter die Masse heben. Die Krabben einzeln aufspießen, in den Backteig tunken, abtropfen lassen und im schwimmenden Öl goldgelb backen.

Tipp:
Bei einer größeren Menge Krabben das Öl mindestens einmal austauschen, sonst schmeckt es verbrannt.

Achtung!
Die Krabben rechtzeitig auftauen!

Auberginenpüree

SYRIEN

2 mittelgroße Auberginen
Saft von 1 Zitrone
3 EL *Tahini (Sesampaste)*
1/2 TL gemahlener Kreuzkümmel
2 Knoblauchzehen
1 EL frische Petersilie
10 schwarze Oliven
Salz, Pfeffer

Zubereitungszeit: 30 min.

Den Backofen auf Grillstufe vorheizen.

Die Schale der gewaschenen und halbierten Auberginen einstechen und die Auberginenhälften mit der Schnittstelle nach unten auf ein gefettetes Backblech legen. Im Herd ca. 15 Minuten garen, dabei zwischendurch nötigenfalls umdrehen, bis die Schale blasig und das Fleisch weich ist. Aus dem Backofen nehmen und in kaltes Wasser legen, dann sorgfältig schälen. Das Auberginenfleisch in Stücke schneiden und in den Mixer geben. Frisch gepressten Zitronensaft hinzufügen und kurz pürieren. Tahini, Kreuzkümmel, gepressten Knoblauch sowie Salz und Pfeffer nach Geschmack hinzufügen. Erneut pürieren, bis eine glatte Paste entstanden ist. Die Paste in eine Schüssel geben, abdecken und für kurze Zeit kühlen. Vor dem Servieren mit gehackter Petersilie und einigen Oliven anrichten.

Tipp:
Passt gut zu Grillfleisch oder als Brotaufstrich und Dip.

Avocado-Geflügel-Salat

ISRAEL

250 g Hühnerbrustfilets
1 EL Olivenöl
1 Prise Ingwer
1 Prise Curry
100 ml Instant-Hühnerbrühe
1 rote Chilischote
1 Orange
2 nicht zu reife Avocados
Saft einer halben Zitrone
1 EL Mandelsplitter
2 EL Salatmayonnaise
Salz, *wenig Cayennepfeffer*

Zubereitungszeit: 25 min.

Das Geflügel in Stücke schneiden, im Öl anbraten und mit Ingwer, Curry, Salz und Cayennepfeffer würzen. Dann mit der aufgelösten Brühe ablöschen, 10 Minuten auf kleiner Flamme köcheln und danach abkühlen lassen (Bratensaft aufheben!). Die Chilischote waschen, entkernen und in sehr kleine Stücke schneiden. Die Orange schälen und das Fruchtfleisch kleinschneiden. Die Avocados vierteln, schälen und in dünne Scheiben schneiden. Mit dem Zitronensaft beträufeln, damit sie nicht braun werden. In einer Schüssel Hähnchenfleisch, Avocados, Orangen, Mandelsplitter und Chilischote vermengen. Eine Sauce aus Fleischsaft, Mayonnaise und 1 EL Zitronensaft zubereiten und über den Salat geben.

Tipp:
Achtung bei frischen Chilischoten! Schneiden Sie die Schote sehr klein, die Schärfe kann sich im Salat besser entfalten – und nicht erst im Mund!

Olivensuppe

ALGERIEN

1 Zwiebel
4 Knoblauchzehen
5 TL Olivenöl
500 g Suppenfleisch
1 Prise schwarzer Pfeffer
1 Messerspitze zerstoßener Piment
1/2 TL Paprika
500 g entkernte grüne Oliven
5 Karotten
1 kleine Dose geschälte Tomaten
3 TL Tomatenmark
1 Pckg. Petersilie (TK)
Salz

Zubereitungszeit: 90 min.

Die Zwiebel und den Knoblauch schälen und kleinwürfeln. In einem Suppentopf das Öl erhitzen und Zwiebel und Knoblauch darin anbraten, dann das Fleisch dazugeben und kurz anbraten. Dann so viel Wasser hinzugeben, dass das Fleisch gut bedeckt ist, und mit Pfeffer, Piment und Paprika würzen. Mindestens eine Stunde kochen lassen, bis das Fleisch gar ist. In der Zwischenzeit die Oliven kurz im Wasser aufkochen, damit das Salz entweicht. Die Karotten schälen und kleinschneiden. Die Tomaten passieren. Wenn das Fleisch gar ist, herausnehmen, zerkleinern und beiseitestellen. Die halbierten Oliven, Karotten, die Tomaten und das Tomatenmark dazugeben. Nochmals 20 Minuten auf mittlerer Flamme kochen. Dabei häufig umrühren. In den letzten Minuten das Fleisch in der Suppe erwärmen, die Petersilie auf Teller verteilen, mit Suppe auffüllen und heiß servieren.

Tipp:
Ein orientalisches Aroma erreicht man, wenn man statt der Petersilie frisch gehackten Koriander darüber streut.

Karottensalat mit Joghurt

MAROKKO

250 g Karotten
1 Knoblauchzehe
3 EL Erdnuss- oder Haselnussöl
1/2 TL Zimtpulver
3 EL Zitronensaft
50 g Rosinen
150 g Joghurt
Salz
1/2 Bund Koriander (oder Petersilie) zum Garnieren

Zubereitungszeit: 90 min.

Karotten schälen, raspeln und mit dem ausgepressten Knoblauch bei schwacher Hitze im Öl ca. 10 Minuten garen, bis sie weich sind, aber nicht gebräunt. Deshalb häufig umrühren. Mit Salz, Zimt und Zitronensaft abschmecken, nochmals 5 Minuten dünsten, dann abkühlen lassen. Den kalten Karottensalat in einer flachen Schale anrichten, die Rosinen untermischen, den verrührten Joghurt darüber gießen und mit frisch gehacktem Koriander bestreut servieren.

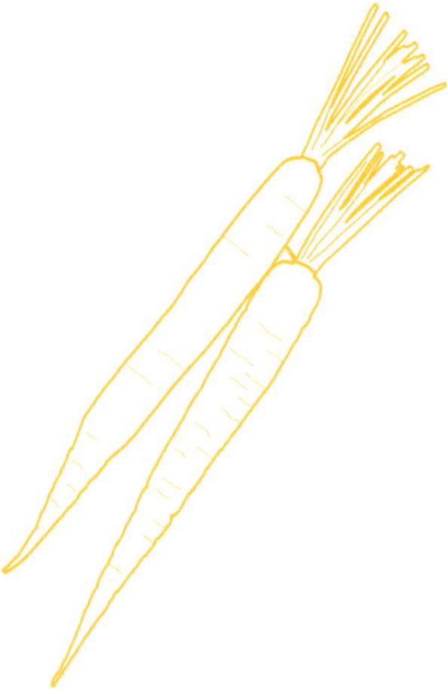

Tipp:
Nussöl hat einen sehr starken Eigengeschmack. Wer kein Fan davon ist, kann getrost Olivenöl verwenden. Allerdings ergänzt sich der Nussgeschmack wunderbar mit den Karotten.

Eingelegte Salz-Zitronen

20 unbehandelte Zitronen
1/2 Tasse Salz
1 Einmachglas (500–1000 ml)

NORDAFRIKA

Mit einem scharfen Messer werden 6 Zitronen der Länge nach kreuzweise bis zum Stielansatz eingeschnitten. Die Viertel spreizt man dann wie eine Blüte auseinander. Die Zitronen innen salzen und wieder zusammendrücken. In das Glas schichten und zwischen jede Schicht etwas Salz streuen. Die restlichen Zitronen auspressen, mit dem Saft das Einmachglas bis zum Rand füllen und das Glas fest verschließen.

Zubereitungszeit: 20 min.

Tipp:
Die Zitronen mindestens einen Monat ziehen lassen und hin und wieder wenden. Vor der Verwendung sorgfältig abwaschen.

Harissa (sehr scharf)

NORDAFRIKA

100 g getrocknete rote Chilischoten
6 Knoblauchzehen
30 g Salz
30 g gemahlener Kreuzkümmel
30 g gemahlener Koriander
150 ml Olivenöl

Zubereitungszeit: 10 min.

Die Chilischoten vom Ansatz befreien, längs halbieren und mit kochendem Wasser übergießen, 5 Minuten ziehen lassen und gut abtropfen. Knoblauch schälen und sehr fein hacken. Alle Zutaten im Mixer zu einer glatten Paste verarbeiten und in ein gut verschließbares Gefäß umfüllen.

Tipp:
Hält sich verschlossen 4 Wochen im Kühlschrank.

Hauptgerichte

Kartoffeleintopf

SPANIEN

1 kg Kartoffeln
2 Zwiebeln
2 grüne Paprika
125 ml Olivenöl
4 Knoblauchzehen
2 getrocknete Chilischoten
1 Lorbeerblatt
250 ml Weißwein
Salz, Pfeffer
1 Prise Paprikapulver

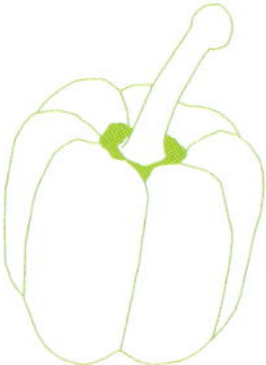

Zubereitungszeit: 30 min.

Die Kartoffeln schälen und in kleine Stücke schneiden. Die Zwiebeln schälen und kleinhacken, die Paprika waschen und in Würfel schneiden. In einem Topf das Öl heiß werden lassen und darin die Zwiebeln und die Paprika anbraten. Die Kartoffelstücke, den gehackten Knoblauch, die kleingeschnittenen Chilischoten und das Lorbeerblatt zugeben. Den Wein angießen und mit so viel Wasser auffüllen, dass alles gut bedeckt ist. Salzen, pfeffern und mit einer Prise Paprika würzen. Den Eintopf zum Kochen bringen, dann zugedeckt bei mittlerer Hitze ca. 25 Minuten garen lassen. Zum Schluss noch einmal nachwürzen.

Tipp:
Liebstöckel ist in der Mittelmeerküche zwar nicht gebräuchlich, gibt dem Kartoffeleintopf aber eine köstliche Note.

Fischsuppe

SPANIEN

600 g Fischfilet (TK)
2 große Zwiebeln
1 kleine Dose geschälte Tomaten
2 grüne, 2 rote Paprika
3 EL Olivenöl
2 TL Paprikapulver
3 Knoblauchzehen
1 TL Pfeffer
1 TL *Kreuzkümmel*
750 ml Instant-Hühnerbrühe
Saft einer Zitrone
Salz
1 Bund gehackte Petersilie zum Garnieren

Den Fisch einen Abend vorher im Kühlschrank auftauen lassen. Zwiebeln schälen und feinhacken. Dosentomaten gut abtropfen lassen und kleinschneiden. Paprika waschen und in kleine Würfel schneiden.

In einem großen Topf das Öl erhitzen und die Zwiebeln darin bei schwacher Hitze glasig dünsten. Die Tomatenstücke in den Topf geben, ca. 5 Minuten mitdünsten und das Paprikapulver zugeben. Den Knoblauch schälen und in den Topf ausdrücken. Mit Salz, Pfeffer und Kreuzkümmel würzen. 2/3 der gewürfelten Paprikaschoten unter die Tomaten mischen. Die Hühnerbrühe angießen und das Gemüse ca. 20 Minuten köcheln lassen. Danach die Suppe mit einem Mixer pürieren.

Den aufgetauten Fisch gut abspülen, trockentupfen und in mundgerechte Stücke schneiden. Mit Zitronensaft begießen, salzen und pfeffern und die Stücke in die Suppe legen. Mit den restlichen Paprikastücken zusammen bei schwacher Hitze zugedeckt etwa 5 Minuten ziehen lassen.

Zubereitungszeit: 35 min.

Tipp:
Sieht nicht nur lecker aus, sondern schmeckt auch toll: Die Suppe vor dem Servieren mit gehackter Petersilie bestreuen.

Achtung!
Den Fisch rechtzeitig auftauen!

Hühnchentopf mit Gemüse

SPANIEN

1 Grillhühnchen (TK)
2 Zwiebeln
12 EL Olivenöl
4 *cl Sherry*
1 kleine Dose geschälte Tomaten
1 Aubergine
1 Zucchini
1 EL *Rosmarin*
1 EL *Thymian*
1 EL Oregano
1 EL Petersilie (TK)
1 Knoblauchzehe
Salz, Pfeffer

Zubereitungszeit: 1 Std.

Das Huhn über Nacht im Kühlschrank auftauen lassen.

Den Backofen auf 200°C vorheizen.

Das Huhn in vier Stücke zerteilen und die Haut abziehen. Die Zwiebeln schälen, würfeln und in 8 EL Öl in einer Pfanne glasig dünsten. Anschließend die Hühnerviertel zugeben und goldgelb anbraten. Salzen, pfeffern und mit Sherry ablöschen. Das Geflügel mit dem Sud in einen Schmortopf geben, eventuell etwas Wasser angießen. Die Tomaten, die Auberginen und die Zucchini waschen und in Scheiben schneiden. In die Pfanne 4 EL Öl geben, das Gemüse darin kurz anbraten und in den Schmortopf geben. Die gehackten Kräuter und den gepressten Knoblauch über das Geflügel-Gemüse geben und gut vermischen. Nochmals salzen und pfeffern und etwa 45 Minuten im offenen Topf bei mittlerer Hitze garen.

Tipp:
Diese rustikale Mahlzeit kann man gut in einem schönen Bauerntopf servieren und dort auftun.

Achtung!
Das Huhn rechtzeitig auftauen!

Zwiebelkuchen (schnelle Variante)

FRANKREICH

1 Pckg. Blätterteig (TK)
12 Zwiebeln
2 EL Olivenöl
5 Eier
200 ml Schlagsahne
200 g geriebener Käse
Salz, Pfeffer

Zubereitungszeit: 1 Std.

Den Backofen auf 240°C vorheizen.

Die Blätterteigscheiben einzeln auslegen und ca. 15 Minuten auftauen. Währenddessen die Zwiebeln schälen und in feine Ringe schneiden. Das Olivenöl in einem Topf erhitzen und die Zwiebeln darin glasig andünsten. Dabei immer wieder wenden und notfalls mehr Öl zugeben. Die Eier in einer Schüssel aufschlagen und mit der Sahne und dem Käse verquirlen. Mit Salz und Pfeffer würzen. Die Zwiebeln aus dem Topf nehmen und gut mit der Eier-Sahne-Käsemasse vermischen. Die aufgetauten Blätterteigscheiben leicht überlappend auf ein Blech oder in eine Kuchenform legen und die Zwiebelmischung gleichmäßig darüber verteilen. Zunächst im Ofen ca. 25 Minuten bei 240°C backen, danach die Wärme für ca. 15 Minuten auf 180°C reduzieren. Schmeckt warm am besten, kann aber auch kalt serviert werden.

Tipp:
Wenn keine Kinder mitessen, kann man über die Zwiebelmischung noch ein Gläschen Kirschwasser verteilen.

Gebratenes Rotbarschfilet in Rosmarinsauce

FRANKREICH

4 große Rotbarschfilets
(oder tiefgekühlte Fischfilets)
1 Zucchini
1 kleine Fenchelknolle
1/2 Aubergine
1 Zwiebel
1 kleine Dose geschälte Tomaten
50 g schwarze, entkernte Oliven

6 EL Olivenöl
1 Zweig Thymian
200 ml Fisch- oder Gemüsebrühe
2 Zweige Rosmarin
50 g Butter
1/2 Zitrone
Salz, Pfeffer

Zubereitungszeit: 1 Std.

Falls Sie sich für TK-Fischfilets entscheiden, daran denken, sie am Vorabend zum Auftauen in den Kühlschrank zu stellen!
Die Zucchini, die Fenchelknolle und die halbe Aubergine waschen und in kleine Würfel schneiden. Die Zwiebel schälen und kleinhacken. Die Tomaten gut abtropfen lassen und kleinschneiden. Die Oliven kleinschneiden. In einer Pfanne die Zwiebel in einem Esslöffel Olivenöl glasig dünsten und mit einem Schaumlöffel herausheben. Nun zuerst die Fenchel-, dann die Auberginen- und Zucchiniwürfel in die Pfanne geben und jedesmal etwas Olivenöl zugeben. Die angebratene Zwiebel, die Oliven und den Thymianzweig zugeben und gut vermischt ca. 20 Minuten auf kleiner Flamme köcheln lassen. Nach 15 Minuten die Tomaten unterrühren.
In einem anderen Topf die Sauce zubereiten: Die Fischbrühe zum Kochen bringen, mit dem gehackten Rosmarin würzen und 5 Minuten abseits der Herdplatte ziehen lassen. Dann die Butter in sehr kleinen Stücken unterrühren, mit dem Saft der halben Zitrone abschmecken und die Sauce durch ein sehr feines Sieb streichen.
Die Fischfilets waschen, trockentupfen und auf der Hautseite zuerst in einer Pfanne mit einem Esslöffel heißem Olivenöl anbraten. Mit Salz und Pfeffer würzen und jede Seite ca. 3 Minuten sanft braten. Das Gemüse auf den Tellern anrichten und das gebratene Fischfilet in die Mitte legen. Mit der Rosmarinsauce übergießen und servieren.

Tipp:
Für dieses Rezept eignet sich auch hervorragend Seelachs oder Kabeljau.

Achtung!
Die TK-Fischfilets rechtzeitig auftauen!

Zitronenhuhn

500 g Hühnerbrustfilets
1/2 Bund Petersilie
2 Zitronen (möglichst unbehandelte)
1 große Zwiebel
2 Knoblauchzehen
1 kleine Ingwerknolle
2 EL Olivenöl
2 EL Sojasauce
100 ml trockener Weißwein
1 TL getrockneter Thymian
1 Lorbeerblatt
2 Pimentkörner
1 Prise Zimt
Salz, Pfeffer

FRANKREICH

Das Hühnerfleisch waschen, mit Küchenpapier trockentupfen und in mundgerechte Stücke schneiden. Die Petersilie waschen und kleinhacken. Die Zitronen waschen und den Saft auspressen. Die Schalen nicht wegwerfen! Zwiebel, Knoblauch und Ingwer schälen, würfeln und in einer etwas höheren Pfanne im Olivenöl unter ständigem Umrühren andünsten. Das Geflügel dazugeben und kurz anbraten. Mit dem Zitronensaft, der Sojasauce und dem Wein ablöschen. Die Petersilie zusammen mit den anderen Kräutern, dem Zimt und den ausgedrückten Zitronenschalen zum Hühnerfleisch geben. Auf kleiner Flamme ca. 30 Minuten köcheln lassen.

Zubereitungszeit: 45 min.

Tipp:

Mit Baguette oder Reis servieren und dazu den bei der Zubereitung verwendeten Wein anbieten!

Gegrillte Lammsteaks

ITALIEN

8 Lammsteaks (TK)
1 unbehandelte Zitrone
150 ml Rotwein
50 ml Olivenöl
3 Knoblauchzehen
1 Pckg. Petersilie (TK)
1 TL Kreuzkümmel
Salz, Pfeffer

Zubereitungszeit: 2 1/2 Std.

Die Lammsteaks über Nacht im Kühlschrank auftauen.

Den Backofen auf Grillstufe vorheizen oder Holzkohlengrill vorbereiten.

Die Zitrone schälen und die Schale in feine Streifen schneiden. Den Saft einer halben Zitrone und die Hälfte der Zitronenschalen mit Rotwein, Olivenöl, den ausgepressten Knoblauchzehen, der Petersilie und dem Kreuzkümmel zu einer Marinade mischen. Die Steaks in die Marinade legen und für mindestens 2 Stunden in den Kühlschrank stellen. Dann die Steaks abtropfen lassen, salzen und pfeffern und ca. 15 Minuten grillen. Dabei die Steaks öfter wenden.

Tipp:
Mit Baguette und Salat servieren.

Achtung!
Die Lammsteaks rechtzeitig auftauen!

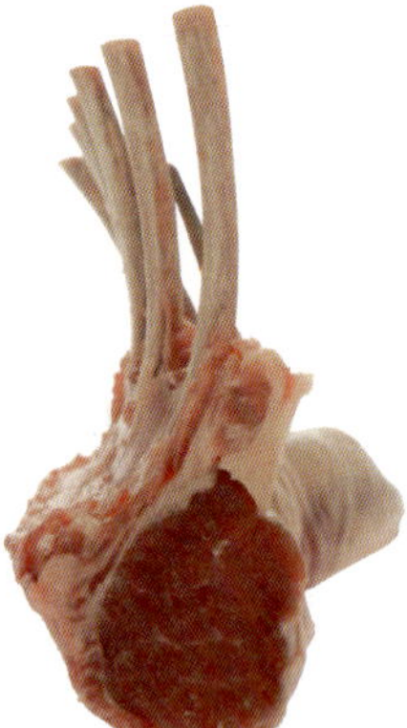

Überbackene Zucchini

6 nicht zu große Zucchini
2 Mozzarella-Kugeln
8 Strauchtomaten
8 EL Olivenöl
2 Knoblauchzehen
1 Pckg. 8-Kräuter (TK)
Salz, Pfeffer
evtl. 50 g geriebener Parmesan

ITALIEN

Den Backofen auf Grillstufe vorheizen.

Die Zucchini waschen, in einem Wassertopf zugedeckt ca. 5 Minuten im Ganzen dünsten, dann in Scheiben schneiden und in eine feuerfeste, ungefettete Form legen. Den Mozzarella und die Tomaten in schmale Scheiben schneiden und zwischen die Zucchini verteilen. Öl, ausgepressten Knoblauch, Kräuter, Salz und Pfeffer zu einer Sauce mischen und über das Gemüse geben. In den Ofen geben und grillen, bis der Mozzarella geschmolzen ist.

Zubereitungszeit: 15 min.

Tipp:
Mit etwas Parmesan bestreut servieren und getoastetes Brot dazu reichen.

Thunfischsteaks in Kräutersauce

ITALIEN

8 Thunfischsteaks (TK)
2 Stangen Sellerie
125 ml Weißwein
1 Pckg. Suppengrün (TK)
2 *Lorbeerblätter*
3 *Pimentkörner*
1 Zitrone
5 EL Olivenöl
1 Pckg. 8-Kräuter (TK)
1 Pckg. Petersilie (TK)
1 EL mittelscharfer Senf
Salz, Pfeffer

Zubereitungszeit: 30 min.

Die Fischsteaks über Nacht im Kühlschrank auftauen lassen. Den Stangensellerie in Scheiben schneiden, Kraut aufbewahren.

Einen Topf zur Hälfte mit Wasser füllen, Weißwein, Suppengrün, in Scheiben geschnittenen Sellerie samt Kraut, Lorbeer und Pimentkörner sowie den Saft einer halben Zitrone zugeben. Salzen und pfeffern und die aufgetauten Thunfischscheiben hineinlegen. Auf kleiner Flamme langsam aufkochen und 20 Minuten mit geschlossenem Deckel ziehen lassen.

Eine Sauce aus Öl, dem restlichen Zitronensaft, den Kräutern, der restlichen Petersilie, dem Senf, Salz und Pfeffer zubereiten. Den Thunfisch vorsichtig aus dem Sud heben, auf eine Platte legen und separat dazu die Sauce und Weißbrot reichen.

Tipp:
Eine weniger scharfe Sauce bekommt man, wenn man süßen Senf verwendet.

Achtung!
Den Thunfisch rechtzeitig auftauen!

Cevapcici mit Reis

400 g Langkornreis
4 Zwiebeln
3 Knoblauchzehen
500 g Hackfleisch
Paprikapulver
4 EL Olivenöl
1 große Dose geschälte Tomaten
1 TL Zucker
1 TL *Sambal Oelek*
1 Zitrone

KROATIEN

Zubereitungszeit: 30 min.

Den Reis waschen, abtropfen in 2 Liter kochendem Wasser ca. 15 Minuten bei geringer Hitze zugedeckt garen lassen. Währenddessen zwei Zwiebeln und zwei Knoblauchzehen schälen und kleinwürfeln, zum Hackfleisch geben und mit Salz, Pfeffer und Paprika würzen. Das Fleisch zu 5 cm langen Röllchen formen und in 2 EL Öl anbraten.

In einer zweiten Pfanne wieder 2 EL Öl erhitzen und darin die restlichen gewürfelten Zwiebeln und Knoblauchzehen anbraten. Die kleingeschnittenen Tomaten aus der Dose und den Saft zugeben, den Zucker darüberstreuen, mit Sambal Oelek vorsichtig würzen und mit Zitronensaft abschmecken. Den Reis mit der Sauce zu den Cevapcici servieren.

Tipp:

Vorsicht scharf: Verwenden Sie Sambal Oelek sparsam!

Eintopf mit Schinken, Bohnen und Sauerkraut

ALBANIEN

500 g Kartoffeln
100 g luftgetrockneter Schinken am Stück
2 Knoblauchzehen
1 EL Olivenöl
1 TL Mehl
1 *Lorbeerblatt*
1 große Dose (ca. 400 g) Sauerkraut
1 *kleine Dose Kidneybohnen*
4 *Mettenden* oder andere Würstchen
Salz, Pfeffer

Zubereitungszeit: 45 min.

Die Kartoffeln schälen, waschen und kleinschneiden. Den Schinken würfeln, den Knoblauch pellen und kleinhacken. In einem Topf im heißen Öl Schinken und Knoblauch kurz anbraten, mit Mehl überstäuben und anschwitzen. Die Kartoffeln, das Lorbeerblatt und das Sauerkraut zugeben und mit einem halben Liter Wasser zum Kochen bringen. Die Dosen-Bohnen unter fließendem Wasser kurz abspülen und zum Eintopf geben. Mit Salz und Pfeffer würzen und ca. 30 Minuten köcheln lassen. Kurz vor dem Ende noch die in Scheiben geschnittenen Mettenden im Eintopf erwärmen.

Tipp:
Statt luftgetrockneten Schinkens können Sie auch durchwachsenen Speck anbraten. Er darf nur nicht zu mager sein.

Lammtopf

GRIECHENLAND

- 2 Lammfilets (TK)
- 1 Dose geschälte Tomaten
- 1 Dose grüne Bohnen
- 3 große Zwiebeln
- 3 Knoblauchzehen
- 4 Kartoffeln
- 1 Zitrone
- Olivenöl
- 2 EL Oregano
- 500 g *Khitaraki-Nudeln*
- Salz, Pfeffer
- 1 Bund gehackte Petersilie

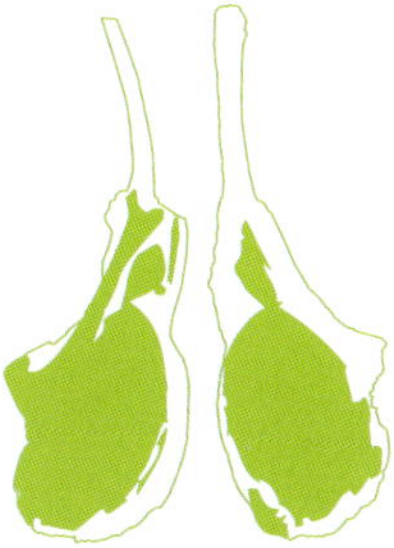

Zubereitungszeit: 45 min.

Am Vorabend die Lammfilets im Kühlschrank auftauen lassen.

Die Tomaten in der Dose zerkleinern. Die Bohnen abtropfen lassen und beiseitestellen. Die Zwiebeln, den Knoblauch und die Kartoffeln schälen und kleinschneiden. Die aufgetauten Lammfilets in Stücke schneiden und mit dem Saft der Zitrone beträufeln. In einem Schmortopf Olivenöl heiß werden lassen, das Fleisch mit den Zwiebeln und dem Knoblauch hineingeben und im heißen Fett von allen Seiten anbräunen. Nach 2 Minuten die Kartoffeln dazugeben. Mit Salz und Pfeffer würzen. Mit der Tomatensauce auffüllen, das restliche Gemüse dazugeben und dabei gut umrühren. Nochmals salzen und pfeffern und den Oregano untermischen. Auf mittlerer Hitze ca. 30 Minuten schmoren lassen. In der Zwischenzeit die Nudeln nach Kochanleitung zubereiten. Den Lammtopf mit der Petersilie garnieren und zusammen mit den Nudeln heiß servieren.

Tipp:
Khitaraki sind kleine, griechische Nudeln. Man kann aber auch eine andere gängige Nudelart nehmen.

Achtung!
Die Lammfilets rechtzeitig auftauen!

Fischauflauf

GRIECHENLAND

600 g Seelachsfilet (TK)
200 g Garnelen (TK)
1 Zitrone
4 große Fleischtomaten
2 Karotten
1 Bund Frühlingszwiebeln
2 Knoblauchzehen
1 EL Butter
1 TL *Fenchelsamen*
1 Bund kleingehackte Petersilie
Olivenöl
100 ml trockener Weißwein
Salz, Pfeffer

Zubereitungszeit: 30 min.

Die Tiefkühlfische am Abend vorher im Kühlschrank auftauen lassen.
Den Backofen auf 200°C vorheizen.
Vor dem Zubereiten die Fische und Garnelen kurz waschen, gut mit Küchenpapier abtupfen und, mit dem Saft der Zitrone beträufelt, 10 Minuten ziehen lassen. Die Tomaten waschen und in Scheiben schneiden. Die Karotten schälen, der Länge nach halbieren und die Stücke dann vierteln. Die Frühlingszwiebeln waschen und in schmale Scheiben schneiden. Den Knoblauch pellen und sehr klein würfeln. In einer Pfanne die Butter auslassen und zuerst die Zwiebeln, den Knoblauch und den Fenchelsamen anbraten. Nach 2 Minuten die Karotten zugeben und bissfest braten. Zum Schluss – nur sehr kurz – die Tomatenscheiben und die gehackte Petersilie zugeben, alles gut vermischen und mit Salz und Pfeffer würzen. Die Fischfilets und die Garnelen gut abtropfen. Das Fischfilet in mundgerechte Stücke schneiden. In eine mit Olivenöl gefettete Form das Gemüse mit dem Bratensaft geben, die Fischstücke und die Garnelen vorsichtig untermischen, noch einmal vorsichtig salzen und kräftig pfeffern. Zum Schluss den Auflauf mit Weißwein übergießen und für ca. 15 Minuten in den Backofen geben.

Tipp:
Dazu kann Pitabrot, Weißbrot oder Reis gereicht werden.

Achtung!
Den Fisch rechtzeitig auftauen!

Türkische Hackfleischpizza

TÜRKEI

500 g Mehl
1 Päckchen Trockenhefe
Backpapier
2 kleine Dosen geschälte Tomaten
2 Zwiebeln
2 Knoblauchzehen
250 g Hackfleisch
3 EL Olivenöl
Paprikapulver
1 Pckg. Petersilie (TK)
Salz, Pfeffer

Zubereitungszeit: 45 min.

Backofen auf 200°C vorheizen.

Das Mehl mit der Trockenhefe vermischen. Dann behutsam lauwarmes Wasser zugeben, bis ein glatter Teig entsteht. Diesen an einem warmen Ort ca. eine Stunde gehen lassen. Danach den Teig zu Kugeln mit ca. 10 cm Durchmesser formen und jede mit einem mehlbestäubten Nudelholz ca. 0,5 cm dick ausrollen. Auch den Teig immer wieder mit etwas Mehl bestäuben, damit er nicht am Nudelholz klebenbleibt. Die ausgewalzten Teige auf ein mit Backpapier ausgelegtes Backblech legen. Die Dosentomaten gut abgetropft in kleine Stücke schneiden, dabei den Saft aufheben. Die Zwiebeln und Knoblauchzehen schälen und kleinwürfeln. In einer Schüssel Tomaten, Zwiebeln und Knoblauch mit dem Hackfleisch vermischen, das Öl zugeben und mit Paprika, Salz und Pfeffer würzen. Wenn die Hackfleischmasse zu trocken ist, noch etwas Tomatensaft aus der Dose zugeben. Auf jeden Teigfladen kommt ein gut gehäufter Esslöffel Belag. Nicht zu dick belegen, die Pizza muss noch gerollt werden, und einen Rand von ca. 1 cm lassen. Zum Schluss mit Petersilie bestreuen und in den Backofen geben. Die Pizza backen, bis der Rand goldgelb ist. Zusammengerollt mit einem Salat servieren.

Tipp:
Für die scharfe Variante dem Hackfleisch Sambal Oelek untermischen.

Gemüseauflauf

SYRIEN

2 mittelgroße Auberginen
2 kleine Zucchini
2 große Zwiebeln
1 grüne Paprikaschote
1 Knoblauchzehe
1 große Dose geschälte Tomaten
6 EL Olivenöl
150 ml Joghurt
Salz, Pfeffer

Zubereitungszeit: 45 min.

Die Auberginen waschen und in Scheiben schneiden. Diese auf eine Arbeitsplatte legen und mit Salz bestreuen. Eine halbe Stunde beiseitestellen und dann trockentupfen. Die Zucchini waschen und ebenfalls in Scheiben schneiden. Die Zwiebeln schälen und in Ringe schneiden. Die Paprika waschen und in Streifen schneiden. Den Knoblauch pellen und auspressen. Die Tomaten kleinschneiden und abtropfen lassen, dabei den Saft aufbewahren. Etwa 2 EL Olivenöl in einen Bräter geben und die Zwiebeln bei mittlerer Hitze etwa 5 Minuten braten, bis sie glasig sind. Die Paprikastreifen hineinrühren und 4 Minuten weich garen. Den Knoblauch unterrühren und den Bräter von der Kochstelle nehmen. Mit dem Schaumlöffel den Pfanneninhalt auf einen Teller heben und beiseitestellen. 4 EL frisches Öl erhitzen und die Auberginen- und Zucchinischeiben hineingeben. Unter Rühren etwa 8 Minuten braten, bis sie sich verfärben und weich werden. Überschüssiges Öl abgießen und Auberginen oder Zucchini in der Pfanne verteilen, dann Zwiebeln und Paprika aufschichten. Die gehackten Tomaten aus der Dose darüber gießen und glattstreichen. Den Tomatensaft in den Bräter gießen und die Zutaten abgedeckt bei schwacher Hitze 30 Minuten köcheln lassen. 10 Minuten vor Ende der Garzeit den Joghurt darüber geben.
Das Gericht vor dem Servieren nach Geschmack salzen und pfeffern.

Tipp:
Der Auflage wird würziger, wenn Sie etwas Harissa untermengen. Das ist ein typisch arabisches, scharfes Mischgewürz, das in Pulverform erhältlich ist. Man kann es aber auch selbermachen: Rezept vgl. S. 24

Huhn mit Aprikosen und Oliven

SYRIEN

4 Hähnchenbrustfilets
3 Knoblauchzehen
75 g getrocknete Aprikosen
2 kleine Fenchelknollen
2 unbehandelte Orangen
1/2 Zitrone
50 ml Arrak (oder anderen Rum)
2 El Olivenöl
100 g schwarze Oliven
50 g brauner Zucker
Salz, Pfeffer
Reis (als Beilage)

Die Marinade wird am Abend vorher zubereitet.
Hähnchenbrust waschen und mit Küchenpapier trockentupfen. Das Fleisch auf einem Brettchen in 2 cm große Würfel schneiden. Knoblauchzehen schälen und zum Fleisch pressen. Die Aprikosen kleinwürfeln. Die Fenchelknollen waschen, putzen, längs halbieren, vom Strunk befreien und kleinschneiden. Das Fenchelgrün abschneiden, Blättchen abzupfen und beiseite legen.
Orangen heiß waschen, trockenreiben. Einen Teelöffel Schale abreiben. Orangen halbieren und den Saft auspressen. Eine halbe Zitrone ebenfalls auspressen. Saft, Arrak und Olivenöl zur Marinade mischen. Mit Salz und Pfeffer abschmecken. Fleisch, Fenchel, Knoblauch, Aprikosen, Oliven und Orangenschale mit der Marinade in einer großen Schüssel mischen. Abdecken, über Nacht kühlstellen.
Am nächsten Tag den Backofen auf 200°C vorheizen.
Das marinierte Hähnchen mit allen Zutaten und Zucker in einer Auflaufform im Backofen 30 Minuten garen. Dann mit gehacktem Fenchelgrün bestreuen und mit Reis servieren.

Zubereitungszeit: 45 min.

Tipp:
Der Arrak lässt sich auch durch einen anishaltigen Schnaps (z.B. Ouzo) ersetzen.

Achtung!
Die Marinade rechtzeitig zubereiten!

Falafel

ÄGYPTEN

Hackbällchen:
500 g dicke, braune Bohnen (geschält und getrocknet)
2 Bund Petersilie
1 Bund Koriander
1 Bund Dill
2 Zwiebeln
1 Bund Lauchzwiebeln
10 Knoblauchzehen
1 TL gemahlener Kreuzkümmel
1/4 TL Chilipulver
1/2 TL Pfeffer
1 TL Backpulver
1 EL Salz
Sesamkörner
Öl zum Frittieren

Sauce:
150 g Tahini (Sesampaste)
5 EL Zitronensaft
1 EL Joghurt
1 TL Petersilie (TK)
1 Knoblauchzehe
1/2 TL Paprikapulver
Salz
Fladen

Zubereitungszeit: 90 min.

Die Bohnen über Nacht einweichen. Am nächsten Tag abtropfen lassen und durch einen Fleischwolf (feine Scheibe) drehen. Die Kräuter feinhacken, die Zwiebeln und die Lauchzwiebeln ebenfalls hacken, einen Teil des grünen Stängels mitverwenden.
Den Knoblauch pellen und zerteilen. Die Bohnen mit Kräutern, Lauchzwiebeln, Zwiebeln und Knoblauch mischen und ein zweites Mal durch den Fleischwolf drehen. Gewürze, Backpulver und 1 EL Salz zu der Mischung geben und gut durchkneten. Eine Stunde ziehen lassen. Noch einmal durchkneten. Mit angefeuchteten Händen flache Bällchen von drei bis vier Zentimeter Durchmesser formen. Sesam in eine flache Schüssel füllen und die Falafel darin wälzen. In einem Topf oder einer Fritteuse Öl erhitzen und die Falafel darin goldbraun frittieren.
Aus Sesampaste, Zitronensaft, Joghurt, Petersilie, einer ausgepressten Knoblauchzehe, Paprika und Salz wird eine geschmeidige Sauce püriert.
Die Falafel in einem aufgebackenen Fladen mit etwas Salat und der Sesamsauce servieren.

Tipp:
Wer Sesamsauce nicht mag, kann auch eine Sauce aus 150 ml Joghurt, 1 Knoblauchzehe, 1 Prise Salz und 1 EL gehackter Petersilie verwenden.

Achtung!
Die Bohnen rechtzeitig einweichen!

Koriander-Fisch

2 Kabeljaufilets (TK)
6 TL Korianderkörner
1 TL Salz
Öl
Weißweinessig

ISRAEL

Den Fisch über Nacht im Kühlschrank auftauen lassen.

Am nächsten Tag die Korianderkörner im vorgeheizten Ofen (190°) 10 Minuten lang rösten. Nachdem sie abgekühlt sind, zerstößt man sie zusammen mit dem Salz ganz fein in einem Mörser. Die Filetstücke abtrocknen, entgräten und in der Gewürzmischung wälzen. Nun legt man sie in eine mit Öl ausgestrichene Kasserolle und lässt sie 20 Minuten im Backofen schmoren. Nach dem Herausnehmen reichlich mit Weißweinessig besprengen und sofort servieren. Dazu passen Reis oder Brot und Salat.

Zubereitungszeit: 40 min.

Tipp:
Wem Weißweinessig zu sauer ist, kann trockenen Weißwein zum Besprengen benutzen.

Achtung!
Den Fisch rechtzeitig auftauen!

Couscous mit Huhn und Salzzitronen

MAROKKO

500 g Couscous
1 Zwiebel
4 Frühlingszwiebeln
2 Chilischoten
2 EL Olivenöl
400 g Hühnerbrustfilet
2 Salzzitronen
1 EL Butter
Salz, Pfeffer

Zubereitungszeit: 45 min.

Den Couscous in einem Sieb mit heißem Wasser übergießen und zum Abtropfen beiseitestellen. Die Zwiebel schälen und in Streifen schneiden. Die Frühlingszwiebeln waschen, putzen und in 2 cm lange Stücke schneiden. Die Chilischoten waschen, der Länge nach halbieren und die Kerne entfernen. Das Fleisch abspülen, trockentupfen und in grobe Stücke schneiden. Das Öl in einem Topf, auf den später das Sieb mit dem Couscous passt, erhitzen und das Fleisch darin 3 Minuten scharf anbraten und mit Salz und Pfeffer würzen. Eine Salzzitrone (vgl. S. 23) auspressen und den Saft, die Zwiebeln und die Chilischoten dazugeben. Alles gut umrühren. Jetzt das Sieb mit dem Couscous auf den Topf setzen. Das Hühnerfleisch bei schwacher Hitze 20–30 Minuten schmoren. Bei Bedarf ein wenig Wasser dazugießen. Zwischendurch den Couscous mit einer Gabel auflockern. Auf einer vorgewärmten Platte den fertigen Couscous und die Butter untermischen. Das Hühnerragout um den Couscous anrichten, die Sauce separat reichen. Die zweite Salzzitrone abspülen, aufschneiden und auf der Platte verteilen. Warm servieren!

Tipp:
Wenn Sie keine eingelegten Zitronen haben, können Sie das Gericht mit dem Saft einer ausgepressten frischen Zitrone würzen. Schmeckt halt anders.

Forelle mit Datteln

MAROKKO

4 küchenfertige Forellen (TK)
200 g getrocknete Datteln
1/4 Tasse gegarter Reis
1 Zwiebel
50 gehackte Mandeln
2 EL frischer Koriander
1/2 TL Zimt
30 g Butter
1/4 TL gemahlener Pfeffer
1/4 TL Ingwerpulver
1 TL Zucker
Zimt zum Bestreuen

Zubereitungszeit: 45 min.

Die Forellen am Vorabend auftauen.

Den Backofen auf 160°C vorheizen.

Die Forellen unter fließendem kaltem Wasser innen und außen waschen und mit Küchenpapier trockentupfen.

Die kleingeschnittenen Datteln, den gekochten Reis, die kleingewürfelte Zwiebel, die gehackten Mandeln, Koriander und Zimt in einer Schüssel vermischen und in die Fische füllen. Die Öffnungen mit Spießen schließen. Die Fische auf ein leicht gefettetes Backblech legen. Mit zerlassener Butter bestreichen und mit einer Mischung aus Pfeffer, Ingwer und Zucker bestreuen. Etwa 30 Minuten von beiden Seiten backen, bis sie goldbraun sind. Vor dem Servieren mit Zimt bestreuen.

Tipp:
Legen Sie als Beilage 4 gewaschene, frische Feigen, die am Stielansatz leicht eingeritzt sind, mit auf das Blech!

Achtung!
Die Forellen rechtzeitig auftauen!

Desserts

Mandelziegel

60 g Mehl
50 g Puderzucker
50 g Schlagsahne
1/2 *Schnapsglas Amaretto*
1 Eiweiß
1 EL *gehobelte Mandeln*

SPANIEN

Den Backofen auf 200°C vorheizen.

In einer Schüssel das Mehl, die Hälfte des Puderzuckers, die Sahne und den Amaretto zu einem Teig vermischen. Den restlichen Puderzucker mit dem Eiweiß steif schlagen und unter den Teig ziehen. Ein Backblech mit Backpapier auslegen und den Teig ovalförmig ca. 3 cm dick ausstreichen. Die Mandeln gleichmäßig darauf verteilen. Auf der mittleren Schiene ca. 15 Minuten hellbraun backen. Nach dem Backen auskühlen lassen.

Zubereitungszeit: 20 min.

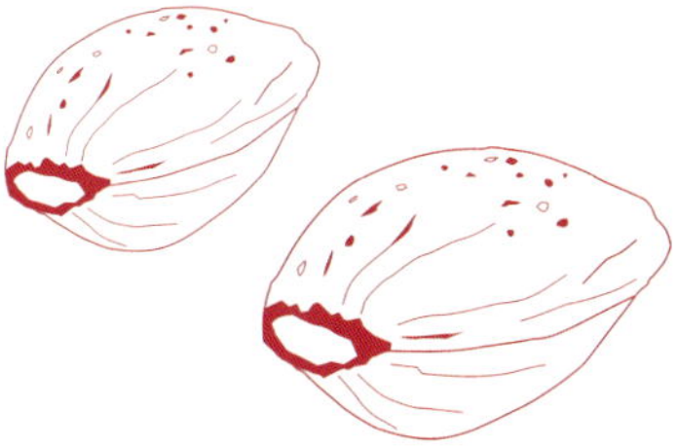

Tipp:
Gut passt hierzu eine Katalanische Creme (s. nächste Seite), zu der man einfach ein Stück vom Mandelziegel abbricht und isst.

Katalanische Creme

SPANIEN

1 unbehandelte Zitrone
1 TL Fenchelsamen
1 Vanilleschote
350 ml Milch
3 Eigelb
70 g Zucker
1 EL Maismehl
4 EL Rohrzucker

Zubereitungszeit: 45 min.

Die Zitrone eine Minute in kochendem Wasser blanchieren, danach die Hälfte der Schale reiben. Die Fenchelsamen zerstampfen. Die Vanilleschote der Länge nach aufschneiden. 300 ml Milch in einem Topf zum Kochen bringen und die Vanilleschote und den Fenchel dazugeben. Wenn die Milch droht überzukochen, den Topf vom Herd nehmen und 30 Minuten ziehen lassen. Anschließend durch ein Sieb gießen, die Eigelb dazugeben und gut verrühren, bevor der Zucker und die Zitronenschale untergerührt werden. Das Maismehl mit 50 ml lauwarmer Milch vermischen, bis keine Klümpchen mehr zu sehen sind. Die Mischung in die Milch geben und diese langsam erwärmen, bis sie anfängt zu kochen. Die Creme auf 4 Schälchen verteilen und 2 Stunden im Kühlschrank abkühlen lassen. Kurz vor dem Servieren den Backofen auf Grillposition stellen, die Creme mit Rohrzucker bestreuen und 2 Minuten backen, bis der Zucker karamellisiert ist.

Tipp:
Mit einem Mandelziegel (s. vorige Seite) schmeckt diese Creme doppelt so gut!

Achtung!
Muss 2 Stunden kalt stehen!

Pfannkuchen mit Cidre-Zabaione

4 Eigelb
100 g Puderzucker
200 ml Cidre oder Apfelwein
2 EL Crème fraîche
4 säuerliche Äpfel
50 g Butter
50 g Mandelsplitter
1 Pckg. Fertigpfannkuchen

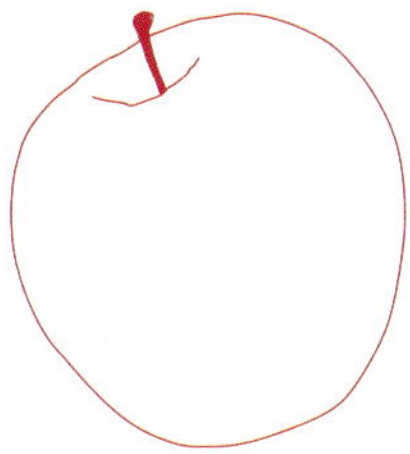

FRANKREICH

Für die Zabaione schlägt man die Eigelb in einem warmen, aber nicht kochenden Wasserbad mit dem Puderzucker und dem Cidre. Vorsichtig wird dann die Crème fraîche daruntergehoben. Die fertige Zabaione abkühlen lassen.

Die Äpfel schälen und in dünne Scheiben schneiden. In einer Pfanne die Butter auslassen und die Apfelscheiben unter ständigem Wenden auf kleiner Flamme ca. 8 Minuten braten. Dabei die Mandelsplitter unterrühren. Die Fertigpfannkuchen in einer anderen Pfanne warmmachen. Die Pfannkuchen auf Teller legen, die noch warmen Mandel-Apfelscheiben darauf verteilen, mit Puderzucker bestreuen, 1 Portion Zabaione mit auf den Teller geben und servieren.

Zubereitungszeit: 20 min.

Tipp:

Am besten verwendet man Boskoop- oder Cox-Orange-Äpfel.

Zitronentarte

FRANKREICH

150 g Zucker
150 g Butter
150 g Mehl
3 unbehandelte Zitronen
2 Eigelb
1 Eiweiß
evtl. 200 ml Schlagsahne

Zubereitungszeit: 1 1/2 Std.

Den Backofen auf 150°C vorheizen.

Einen Mürbeteig aus 50 g Zucker, 100 g Butter und 150 g Mehl kneten, in Folie wickeln und ca. 30 Minuten im Kühlschrank kaltstellen.

Eine Tarte- oder runde Kuchenform einfetten, den Teig dünn ausrollen und in die Form legen, mit einer Gabel mehrmals einstechen und ca. 30 Minuten backen.

Für den Belag die Zitronen schälen und auspressen; die Schale kleinhacken. 100 g Zucker, Eigelb und das Eiweiß verrühren und in einem Topf erhitzen. Zitronenschale und -saft dazugeben und vom Herd nehmen. In einem anderen Topf die restliche Butter auslassen, zur Zitronenmasse geben und gut verrühren. Wenn die Masse noch nicht dickflüssig genug ist, nochmals erhitzen. Dann auf den gebackenen Tarteboden geben, gut verteilen und nochmals 30 Minuten bei 150°C backen.

Tipp:
Die Tarte schmeckt am besten noch warm, und wer es noch leckerer will, schlägt einen Becher Schlagsahne dazu.

Warmer Zitrussalat

ITALIEN

2 Orangen
2 Grapefruits
1 *Limone*
2 Mandarinen
1 *geschälte Ananas* (oder 1 Dose Ananas in Stücken)
5 *Blätter Minze*
2 EL Rosinen
50 g Zucker
1 *kleine Ingwerwurzel (ca. 3 cm lang)*
0,1 cl Rum

Zubereitungszeit: 20 min.

Die Früchte schälen, das Fruchtfleisch herauslösen und in mundgerechte Stücke schneiden. Minze hacken und mit den Rosinen zum Obst in eine Schüssel geben. Den Ingwer schälen und in dünne Scheiben schneiden.

Zucker, Ingwer, Rum und 50 ml kaltes Wasser aufkochen. Dabei ständig rühren, damit der Zucker sich auflösen kann. Den Sud über den Obstsalat geben.

Tipp:
Unbedingt noch warm servieren. Dann entfalten sich Ingwer und Minze am besten.

Gebackene Birnen

ITALIEN

2 EL Williams Birnengeist
5 EL Zucker
4 reife Birnen
15 g Butter
30 g Mandelsplitter

Zubereitungszeit: 30 min.

Den Backofen auf 150°C vorheizen.

50 ml Wasser, den Birnenschnaps und 4 EL Zucker in einer feuerfesten Form verrühren, bis sich der Zucker aufgelöst hat. Die Birnen schälen, das Kerngehäuse entfernen und mit Stiel in die Form mit dem Sirup setzen (Schnittfläche nach oben). Auf jede Birne etwas Butter geben und mit dem Sirup begießen. Auf der oberen Schiene ca. 20 Minuten backen. Dann mit den Mandelsplittern und dem restlichen Zucker bestreuen und nochmals 10 Minuten backen, bis der Zucker karamellisiert ist. Noch heiß servieren.

Tipp:
Statt Birnen und Birnenschnaps kann man auch säuerliche Äpfel und Calvados nehmen.

Zabaione

4 Eier
1 unbehandelte Zitrone
80 g unbehandelter Puderzucker
1/2 TL Zimt
1 Röhrchen Vanillearoma
150 ml *Marsala*
1 kleine Dose Aprikosen
etwas Zimtzucker

ITALIEN

Die Eier trennen und die Eigelb aufbewahren. Die Zitrone schälen und die Schale kleinschneiden. Die Hälfte der Zitronenschalen mit dem Eigelb, Zucker, Zimt und der Hälfte des Vanillearomas in einer feuerfesten Form zu einer hellen Masse aufschlagen. Die Schüssel in ein Wasserbad hängen und weiterschlagen. Den Marsala vorsichtig zugeben und schlagen, bis eine warme, dicke Creme entsteht. Vier Dessertschüsseln zur Dekoration zuerst in Wasser, dann in Zucker tauchen. Die Creme einfüllen, die Aprikosenhälften darauf verteilen und mit Zimtzucker bestreut servieren.

Zubereitungszeit: 30 min.

Tipp:
Wer kein Fan von Dosenobst ist, kann die Aprikosen auch weglassen und die Zabaione mit frischen Himbeeren dekorieren.

Gebackene Aprikosen

KROATIEN

1 große Dose Aprikosen
200 g Weizenmehl
2 Eier
125 ml Milch
3 EL Orangenlikör
1 TL Öl
3 EL Zucker
50 g *gehackte Pistazien* (oder Mandeln)
Frittierfett
Zimtzucker
Salz

Zubereitungszeit: 20 min.

Die Aprikosen gut abtropfen lassen. In einer Schüssel das Mehl sieben. Die Eier trennen und die Eigelb mit Milch, Likör, Öl und einer Prise Salz zum Mehl geben und verrühren. Das Eiweiß steif schlagen. Dabei unter ständigem Schlagen den Zucker zugeben. Den Zucker-Eischnee und die Pistazien vorsichtig unter den Teig heben. In eine Kasserolle so viel Fett geben, dass sie zur Hälfte gefüllt ist. Das Fett erhitzen und gleichmäßig heiß halten. Jetzt die Aprikosen mit einer Gabel durch den Teig ziehen und im heißen Fett knusprig braun backen. Gut abtropfen lassen und mit Zimtzucker bestreut servieren.

Tipp:
Bei diesem Dessert können Sie statt Orangen- auch einen anderen Likör Ihrer Wahl verwenden.

Zwetschgen-Auflauf

30 g Butter
750 g Zwetschgen
250 g Zwieback
250 g Zucker
Zimt
3 Eier
125 ml Milch
1 EL Stärkemehl
1 EL Semmelbrösel
3 EL gehackte Mandeln

SLOWENIEN

Eine feuerfeste Form mit der Butter gut ausfetten und den Backofen auf 180°C vorheizen. Die Zwetschgen waschen, halbieren und entkernen. Abwechselnd Zwieback und Zwetschgen in die Form geben. 150 g Zucker mit Zimt mischen und jede Obstschicht damit bestreuen. Die Eier trennen und die Eigelb mit dem restlichen Zucker schaumig schlagen, Milch und Stärkemehl unterrühren. Das Eiweiß steif schlagen und vorsichtig unterheben. Den Auflauf mit der Eimasse begießen und mit Semmelbröseln und Mandeln bestreuen. Im Backofen ca. 40 Minuten backen und noch warm servieren.

Zubereitungszeit: 50 min.

Tipp:
Statt mit Pflaumen sollten Sie dieses Rezept mal mit frischen Aprikosen probieren.

Früchte in Blätterteig

GRIECHENLAND

1 große Pckg. Blätterteig (TK)
1 kleine Dose Pfirsiche
1 kleine Dose Aprikosen
Honig zum Einpinseln
200 g Mandelstifte
2 Eigelb

Zubereitungszeit: 30 min.

Den Backofen auf ca. 220°C vorheizen.

Die Blätterteigplatten einzeln auslegen und ca. 10 Minuten auftauen lassen. Die Früchte aus den Dosen gut abtropfen lassen. Die Blätterteigscheiben teilen, auf etwa 15 x 15 cm ausrollen und sehr dünn mit Honig bestreichen. Die Hälfte der Teigscheiben mit Pfirsichen, die andere mit Aprikosen belegen. Mit den Mandelstiften bestreuen und den Teig übereck zu einem Dreieck zusammenklappen. Mit einem Pinsel die Teigtaschen mit Eigelb bestreichen und auf ein ungefettetes Blech legen.

Nach Backanleitung zwischen 15–20 Minuten backen.

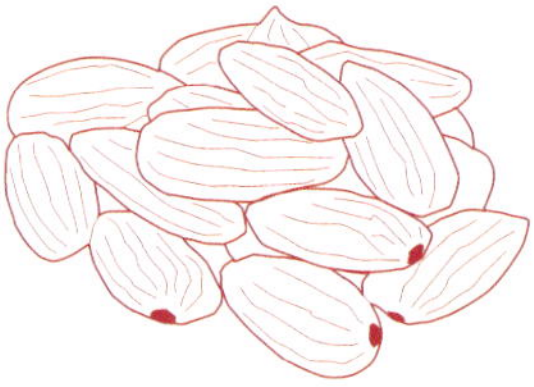

Tipp:
Die Teigecken schmecken am besten noch warm, können aber auch kalt verzehrt werden.

Bananen mit Ingwer

4 große, feste Bananen
1 EL Butter
1 *kleine Ingwerknolle*
25 g Rosinen
1 EL flüssiger Honig
2 EL Orangensaft
2 EL Rum
1 Pckg. Vanilleeis

SYRIEN

Zubereitungszeit: 20 min.

Den Backofen auf 200°C vorheizen.

Die Bananen schälen und der Länge nach halbieren. Die Butter in einer feuerfesten Form erhitzen und die Bananen in die Form legen. Den Ingwer schälen und reiben. Eine Sauce aus Ingwer, Rosinen, Honig, Orangensaft und Rum zubereiten. Diese ganz kurz erwärmen und über die Bananen geben. Für ca. 15 Minuten in den Ofen schieben, dabei mehrmals die Bananen mit der Sauce aus der Form beträufeln. Die Bananen zusammen mit Vanilleeis auf Tellern anrichten und mit der warmen Sauce übergießen.

Tipp:
Im Notfall darf es auch mal Ingwerpulver sein! Eine frische Wurzel ist natürlich im Aroma viel intensiver.

Feigen und Birnen in Honig

ÄGYPTEN

1 *unbehandelte Zitrone*
2 TL Zimt
1 *TL Kardamon*
6 EL Honig
2 Birnen
8 frische Feigen

Zubereitungszeit: 20 min.

Die Schale der Zitrone mit einem Gemüsehobel abreiben und mit den Gewürzen und dem Honig in einem halben Liter Wasser zehn Minuten aufkochen, bis ein dünner Sirup entstanden ist. Die Birnen schälen, achteln und mit Zitronensaft beträufeln, die Feigen halbieren. Dann die Früchte in den Sirup geben und auf kleiner Flamme fünf Minuten darin ziehen lassen. Das Obst in eine Schüssel geben und noch warm mit etwas Sirup übergossen servieren.

Tipp:
Man kann dem Sirup auch einen Schuss Birnenschnaps beifügen. Ein Klecks Sahne auf jede Portion verfeinert den Geschmack!

Orangensorbet

ISRAEL

1 unbehandelte Zitrone
3 unbehandelte Orangen
250 g Zucker
450 ml Orangensaft
2 Eiweiß
frische Minzeblätter zum Garnieren
etwas Orangenlikör

Zubereitungszeit: 20 min.

Die Schale der Zitrone und der Orangen mit einem Gemüsehobel abziehen. Zucker, Zitronen- u. Orangenschalen in einem Topf mit 250 ml Wasser langsam unter Rühren zum Kochen bringen. Dabei muss sich der Zucker vollständig auflösen. Fünf Minuten kochen, dann vom Herd nehmen, abkühlen lassen und über Nacht in den Kühlschrank stellen. Den Orangensaft mit dem gekühlten Sirup mischen, durch ein Sieb gießen, damit das Sorbet sehr glatt wird, und das steif geschlagene Eiweiß darunterziehen.

Vor dem Verzehr wird das Sorbet mehrere Stunden ins Gefrierfach gestellt. Mit Minzeblättern garnieren und etwas Orangenlikör auf jede Portion geben.

Tipp:
Lagern Sie die Rührstäbe Ihres Handmixgerätes immer im Tiefkühlfach. Dann gelingt Ihnen das Schlagen von Sahne und Eiweiß besser.

Arabisches Konfekt

ALGERIEN

- 2 Pckg. Butterkekse
- 100 g Honig
- 2 EL Butter
- 50 g gemahlene Mandeln
- 50 g gemahlene Haselnüsse
- *200 g Herren- oder Blockschokolade*
- *Kokosraspel zum Dekorieren*
- *gehackte Pistazien zum Dekorieren*

Zubereitungszeit: 20 min.

Die Butterkekse in einen kleinen Plastikbeutel geben und mit der Faust oder einem harten Gegenstand zerkrümeln. Den Honig erwärmen, die Butter in der Mikrowelle schmelzen und mit den Mandeln und Nüssen zum flüssigen Honig geben. Darauf achten, dass die Mischung nicht zu trocken wird, sonst zerbröselt sie später! Die Masse gut verrühren und in eine Form geben. Kurz erkalten lassen und mit der geschmolzenen Schokolade überziehen. Zum Schluss mit Kokosraspeln und Pistazien bestreuen. Wenn die Schokolade fest geworden ist, kann man das Konfekt in Stücke schneiden und servieren.

Tipp:
Wenn Sie das Konfekt einige Stunden in das Gefrierfach legen, kann man es besser schneiden. Vor dem Servieren bei Zimmertemperatur auftauen lassen.

Krapfen

TUNESIEN

400 g Mehl
1 Prise Salz
1 Päckchen Backpulver
1 Prise Natron
1 Päckchen Vanillezucker
200 g Puderzucker
2 Eier
50 ml Öl
50 ml Milch
100g Zucker
1 Zimtstange
3 EL Zitronensaft
100 g gehackte Mandeln
1 l Frittieröl

Zubereitungszeit: 60 min.

Mehl, Salz, Backpulver, Natron, Vanillezucker und Puderzucker vermischen. Eier, Öl, Milch und 2 EL Wasser vermischen und zur Mehlmischung geben. Kneten, bis ein geschmeidiger, aber fester Teig entsteht. Zur Kugel formen und 20 Minuten ruhen lassen. Für den Sirup einen halben Liter Wasser mit Zucker und Zimtstange 10 Minuten stark kochen, abkühlen lassen und Zitronensaft dazugeben. Mandeln in einer Pfanne ohne Fett rösten. Den Teig auf einer bemehlten Arbeitsfläche 1 cm dick ausrollen, Kreise von 6–8 cm ausstechen. 1 Liter Öl im Frittiertopf auf 180 Grad erhitzen. Teigscheiben von beiden Seiten goldgelb ausbacken, abtropfen lassen und sofort in Zuckersirup tauchen, abtropfen lassen und mit Mandeln bestreuen.

Tipp:
Die Krapfen kann man auch in einem guten Wok ausbacken.

Aldidente KOCHEN MACHT SPASS!

Gabriele Rescher
Aldidente – Fix & lecker
Die besten 20-Minuten-Rezepte
ISBN 3-8218-6001-4

Christina Hucke
Die Wohlfühlküche
Gesunde und leichte Rezepte für jeden Tag
ISBN 3-8218-6005-7

Anne Enderlein/Cornelie Kister
Aldidente – Friends & Family
Kochen für viele Gäste
ISBN 3-8218-6000-6

- Vierfarbig
- Trendige Themen
- Viele Rezepte
- Superpreis

Alle Bände:
64 Seiten, broschiert
Mit Abbildungen
Euro 5,95 (D) sFr 10,– Euro 6,20 (A)

Gabriele Rescher
Aldidente – Auf die Pasta, fertig, los!
Die besten Nudelrezepte
ISBN 3-8218-6002-2

Gertrude Fein
Aldidente – Wunder-Wok
Schnell, gesund und knackig kochen
ISBN 3-8218-6003-0

Betty Laube
Genießen wie am Mittelmeer
Die leichte Küche aus dem Süden
ISBN 3-8218-6006-5

Eichborn
Kaiserstraße 66
60329 Frankfurt/Main
Tel. 069/25 50 03-0
Fax 069/25 60 03-30
www.eichborn.de

Wir schicken Ihnen gern ein Verlagsverzeichnis.